50 Delicious Backyard BBQ Recipes

By: Kelly Johnson

Table of Contents

- Grilled BBQ Chicken Wings
- Classic Beef Burgers
- Veggie Skewers with Herb Marinade
- BBQ Pulled Pork Sandwiches
- Grilled Corn on the Cob with Chili Lime Butter
- BBQ Ribs with Smoky Glaze
- Grilled Portobello Mushroom Burgers
- Cedar Plank Salmon
- Grilled Pineapple with Cinnamon
- BBQ Bacon-Wrapped Jalapeño Poppers
- Honey Glazed BBQ Chicken Thighs
- Grilled Bratwurst with Sauerkraut
- BBQ Tempeh Sandwiches
- Smoked Sausage Kebabs
- Grilled Shrimp Tacos
- BBQ Baked Beans
- Grilled Asparagus with Garlic Butter
- BBQ Meatball Sliders
- Grilled Watermelon Salad
- Sweet and Spicy BBQ Chicken Drumsticks
- BBQ Jackfruit Sandwiches
- Grilled Zucchini Boats with Cheese
- Korean BBQ Short Ribs
- BBQ Cauliflower Bites
- Grilled Peach Salad with Balsamic Glaze
- BBQ Chicken Pizza on the Grill
- Smoked Brisket
- Grilled Sausage and Pepper Sandwiches
- BBQ Veggie Burgers
- Fire-Roasted Salsa with Tortilla Chips
- Grilled Lobster Tails with Garlic Butter
- BBQ Pork Skewers
- Grilled Flatbread with Hummus and Veggies
- BBQ Turkey Burgers
- Grilled Tofu with Teriyaki Glaze

- Smoked Mac and Cheese
- Grilled Hot Dogs with Creative Toppings
- BBQ Baby Back Ribs
- Grilled Halloumi and Veggie Salad
- BBQ Chicken Kabobs with Pineapple
- Grilled Pita Bread with Tzatziki
- BBQ Beef Sliders with Coleslaw
- Grilled Stuffed Peppers
- BBQ Glazed Meatloaf
- Grilled Salmon Burgers
- Smoked Chicken Wings
- BBQ Veggie Pizza
- Grilled Oyster Mushrooms with BBQ Sauce
- BBQ Pork Belly Bites
- Grilled Fruit Skewers with Honey Drizzle

Grilled BBQ Chicken Wings

Ingredients:

- **2 lbs** chicken wings
- **½ cup** BBQ sauce
- **1 tbsp** olive oil
- **Salt and pepper** to taste

Instructions:

1. **Prepare wings:** Toss wings with olive oil, salt, and pepper.
2. **Grill wings:** Cook over medium heat for 20-25 minutes, flipping occasionally.
3. **Coat with sauce:** Brush with BBQ sauce during the last 5 minutes.

Classic Beef Burgers

Ingredients:

- **1 lb** ground beef
- **1 egg**
- **½ tsp** salt
- **½ tsp** pepper
- **4 burger buns**

Instructions:

1. **Form patties:** Mix beef, egg, salt, and pepper, shaping into patties.
2. **Grill burgers:** Cook over medium heat, 4-5 minutes per side.
3. **Assemble burgers:** Serve on buns with your choice of toppings.

Veggie Skewers with Herb Marinade

Ingredients:

- **2 zucchinis**, sliced
- **1 bell pepper**, chopped
- **1 red onion**, cut into wedges
- **¼ cup** olive oil
- **2 tbsp** chopped herbs (basil, thyme)

Instructions:

1. **Marinate veggies:** Toss vegetables with olive oil and herbs.
2. **Assemble skewers:** Thread onto skewers.
3. **Grill skewers:** Cook for 8-10 minutes, turning occasionally.

BBQ Pulled Pork Sandwiches

Ingredients:

- **2 lbs** pork shoulder
- **1 cup** BBQ sauce
- **1 onion**, sliced
- **4 sandwich buns**

Instructions:

1. **Slow-cook pork:** Cook pork and onions on low for 6-8 hours.
2. **Shred and sauce:** Shred pork and mix with BBQ sauce.
3. **Assemble sandwiches:** Serve on buns with extra sauce if desired.

Grilled Corn on the Cob with Chili Lime Butter

Ingredients:

- **4 ears** of corn
- **4 tbsp** butter, softened
- **1 tsp** chili powder
- **1 lime**, juiced

Instructions:

1. **Grill corn:** Cook over medium heat, turning occasionally, for 10-15 minutes.
2. **Make butter:** Mix butter with chili powder and lime juice.
3. **Serve:** Spread chili lime butter on hot corn.

BBQ Ribs with Smoky Glaze

Ingredients:

- **2 racks** baby back ribs
- **1 cup** BBQ sauce
- **1 tbsp** smoked paprika
- **1 tsp** garlic powder

Instructions:

1. **Season ribs:** Rub with paprika and garlic powder.
2. **Slow-cook ribs:** Bake at 275°F for 2.5 hours.
3. **Grill and glaze:** Brush with BBQ sauce and grill for 10 minutes.

Grilled Portobello Mushroom Burgers

Ingredients:

- **4 portobello mushrooms**
- **¼ cup** olive oil
- **2 tbsp** balsamic vinegar
- **4 burger buns**

Instructions:

1. **Marinate mushrooms:** Coat with olive oil and vinegar, marinate for 30 minutes.
2. **Grill mushrooms:** Cook for 4-5 minutes per side.
3. **Assemble burgers:** Serve on buns with toppings of choice.

Cedar Plank Salmon

Ingredients:

- **4 salmon fillets**
- **1 cedar plank**, soaked in water
- **2 tbsp** olive oil
- **1 lemon**, sliced

Instructions:

1. **Prepare salmon:** Brush fillets with olive oil.
2. **Grill on plank:** Place salmon on the cedar plank and grill for 15-20 minutes.
3. **Serve:** Garnish with lemon slices.

Grilled Pineapple with Cinnamon

Ingredients:

- **1 pineapple**, sliced into rings
- **2 tbsp** brown sugar
- **1 tsp** cinnamon

Instructions:

1. **Season pineapple:** Sprinkle slices with brown sugar and cinnamon.
2. **Grill pineapple:** Cook for 2-3 minutes per side.
3. **Serve warm:** Enjoy as a side or dessert.

BBQ Bacon-Wrapped Jalapeño Poppers

Ingredients:

- **12 jalapeños**, halved and seeded
- **1 cup** cream cheese
- **12 slices** bacon
- **¼ cup** shredded cheddar

Instructions:

1. **Stuff jalapeños:** Fill with cream cheese and cheddar.
2. **Wrap in bacon:** Secure with toothpicks.
3. **Grill poppers:** Cook over medium heat for 10-12 minutes, turning often.

Honey Glazed BBQ Chicken Thighs

Ingredients:

- **8 chicken thighs**
- **½ cup** BBQ sauce
- **¼ cup** honey
- **1 tsp** garlic powder

Instructions:

1. **Prepare glaze:** Mix BBQ sauce, honey, and garlic powder.
2. **Grill thighs:** Cook over medium heat for 6-7 minutes per side.
3. **Glaze and serve:** Brush with glaze during the last 5 minutes.

Grilled Bratwurst with Sauerkraut

Ingredients:

- **6 bratwursts**
- **6 buns**
- **1 cup** sauerkraut
- **2 tbsp** mustard

Instructions:

1. **Grill bratwursts:** Cook for 10-12 minutes, turning occasionally.
2. **Assemble:** Place bratwursts in buns, top with sauerkraut and mustard.

BBQ Tempeh Sandwiches

Ingredients:

- **2 blocks** tempeh, sliced
- **½ cup** BBQ sauce
- **4 sandwich buns**
- **1 red onion**, sliced

Instructions:

1. **Marinate tempeh:** Coat with BBQ sauce and let sit for 30 minutes.
2. **Grill tempeh:** Cook for 3-4 minutes per side.
3. **Assemble sandwiches:** Serve on buns with red onion.

Smoked Sausage Kebabs

Ingredients:

- **4 smoked sausages**, sliced
- **1 bell pepper**, chopped
- **1 onion**, chopped
- **¼ cup** olive oil

Instructions:

1. **Assemble kebabs:** Alternate sausage, pepper, and onion on skewers.
2. **Grill kebabs:** Cook for 8-10 minutes, turning often.

Grilled Shrimp Tacos

Ingredients:

- **1 lb** shrimp, peeled
- **2 tbsp** taco seasoning
- **8 small tortillas**
- **1 avocado**, sliced

Instructions:

1. **Season shrimp:** Toss with taco seasoning.
2. **Grill shrimp:** Cook for 2-3 minutes per side.
3. **Assemble tacos:** Serve with tortillas, avocado, and toppings of choice.

BBQ Baked Beans

Ingredients:

- **3 cans** baked beans
- **½ cup** BBQ sauce
- **4 slices** bacon, chopped
- **1 onion**, diced

Instructions:

1. **Cook bacon and onions:** Sauté until soft.
2. **Mix beans:** Combine with BBQ sauce, bacon, and onions.
3. **Simmer:** Cook over low heat for 20 minutes.

Grilled Asparagus with Garlic Butter

Ingredients:

- **1 bunch** asparagus
- **2 tbsp** olive oil
- **2 tbsp** garlic butter
- **Salt and pepper** to taste

Instructions:

1. **Prepare asparagus:** Toss with olive oil, salt, and pepper.
2. **Grill asparagus:** Cook for 5-7 minutes, turning occasionally.
3. **Top with garlic butter:** Serve immediately.

BBQ Meatball Sliders

Ingredients:

- **24 small meatballs**
- **½ cup** BBQ sauce
- **12 slider buns**
- **¼ cup** shredded cheese

Instructions:

1. **Cook meatballs:** Heat and coat with BBQ sauce.
2. **Assemble sliders:** Place meatballs in buns with cheese.
3. **Serve warm:** Enjoy with extra sauce if desired.

Grilled Watermelon Salad

Ingredients:

- **4 watermelon slices**
- **¼ cup** feta cheese, crumbled
- **¼ cup** mint leaves
- **2 tbsp** balsamic glaze

Instructions:

1. **Grill watermelon:** Cook for 2 minutes per side.
2. **Assemble salad:** Top with feta, mint, and drizzle with balsamic glaze.

Sweet and Spicy BBQ Chicken Drumsticks

Ingredients:

- **10 drumsticks**
- **½ cup** BBQ sauce
- **2 tbsp** hot sauce
- **1 tbsp** honey

Instructions:

1. **Prepare sauce:** Mix BBQ sauce, hot sauce, and honey.
2. **Grill drumsticks:** Cook for 20-25 minutes, turning often.
3. **Glaze and serve:** Brush with sauce in the last 5 minutes.

BBQ Jackfruit Sandwiches

Ingredients:

- **2 cans** jackfruit, drained
- **½ cup** BBQ sauce
- **4 sandwich buns**
- **Coleslaw** for topping

Instructions:

1. **Cook jackfruit:** Sauté with BBQ sauce for 10 minutes.
2. **Assemble sandwiches:** Serve on buns with coleslaw.

Grilled Zucchini Boats with Cheese

Ingredients:

- **4 zucchini**, halved
- **1 cup** mozzarella, shredded
- **¼ cup** Parmesan
- **Salt and pepper** to taste

Instructions:

1. **Prepare zucchini:** Scoop out centers and season.
2. **Grill zucchini:** Cook for 5-7 minutes.
3. **Add cheese:** Top with mozzarella and Parmesan, grill until melted.

Korean BBQ Short Ribs

Ingredients:

- **2 lbs** beef short ribs
- **½ cup** soy sauce
- **2 tbsp** sesame oil
- **2 tbsp** brown sugar

Instructions:

1. **Marinate ribs:** Coat with soy sauce, sesame oil, and brown sugar.
2. **Grill ribs:** Cook for 3-4 minutes per side.

BBQ Cauliflower Bites

Ingredients:

- **1 head** cauliflower, cut into florets
- **½ cup** BBQ sauce
- **¼ cup** breadcrumbs
- **Olive oil spray**

Instructions:

1. **Coat cauliflower:** Toss florets with BBQ sauce and breadcrumbs.
2. **Grill cauliflower:** Cook for 15 minutes, turning occasionally.

Grilled Peach Salad with Balsamic Glaze

Ingredients:

- **4 peaches**, halved
- **¼ cup** goat cheese, crumbled
- **¼ cup** arugula
- **2 tbsp** balsamic glaze

Instructions:

1. **Grill peaches:** Cook for 2-3 minutes per side.
2. **Assemble salad:** Top with goat cheese, arugula, and drizzle with balsamic glaze.

BBQ Chicken Pizza on the Grill

Ingredients:

- **1 pizza dough**
- **1 cup** BBQ sauce
- **2 cups** shredded chicken
- **1 cup** mozzarella
- **½ red onion**, sliced

Instructions:

1. **Grill dough:** Cook for 2-3 minutes per side.
2. **Assemble pizza:** Top with BBQ sauce, chicken, mozzarella, and onion.
3. **Grill pizza:** Cook until cheese melts.

Smoked Brisket

Ingredients:

- **5 lbs** brisket
- **¼ cup** BBQ rub
- **2 cups** wood chips (hickory or mesquite)

Instructions:

1. **Season brisket:** Rub with BBQ seasoning.
2. **Smoke brisket:** Cook at 225°F (110°C) for 8-10 hours.
3. **Rest and serve:** Let rest 20 minutes before slicing.

Grilled Sausage and Pepper Sandwiches

Ingredients:

- **6 sausages** (Italian or bratwurst)
- **3 bell peppers**, sliced
- **1 onion**, sliced
- **6 sandwich rolls**

Instructions:

1. **Grill sausages:** Cook for 12-15 minutes, turning occasionally.
2. **Grill peppers and onions:** Cook until soft.
3. **Assemble sandwiches:** Serve sausages in rolls with peppers and onions.

BBQ Veggie Burgers

Ingredients:

- **4 veggie burger patties**
- **4 buns**
- **¼ cup** BBQ sauce
- **Lettuce, tomato, and onions** for toppings

Instructions:

1. **Grill patties:** Cook for 3-4 minutes per side.
2. **Brush with BBQ sauce:** During the last minute of grilling.
3. **Assemble burgers:** Serve with toppings on buns.

Fire-Roasted Salsa with Tortilla Chips

Ingredients:

- **4 tomatoes**
- **1 jalapeño**
- **1 onion**, halved
- **½ cup** cilantro
- **Tortilla chips** for serving

Instructions:

1. **Grill vegetables:** Cook until charred.
2. **Blend salsa:** Combine grilled vegetables, cilantro, and salt.
3. **Serve with chips:** Enjoy warm or chilled.

Grilled Lobster Tails with Garlic Butter

Ingredients:

- **4 lobster tails**
- **¼ cup** garlic butter
- **Lemon wedges** for serving

Instructions:

1. **Prepare tails:** Split and brush with garlic butter.
2. **Grill lobster:** Cook for 5-7 minutes, until opaque.
3. **Serve:** Drizzle with extra garlic butter and lemon.

BBQ Pork Skewers

Ingredients:

- **2 lbs** pork, cubed
- **½ cup** BBQ sauce
- **Skewers**

Instructions:

1. **Marinate pork:** Coat with BBQ sauce and chill for 30 minutes.
2. **Grill skewers:** Cook for 8-10 minutes, turning often.

Grilled Flatbread with Hummus and Veggies

Ingredients:

- **4 flatbreads**
- **1 cup** hummus
- **Assorted grilled veggies** (zucchini, bell peppers, onions)

Instructions:

1. **Grill flatbread:** Cook for 2-3 minutes per side.
2. **Assemble:** Spread hummus and top with veggies.

BBQ Turkey Burgers

Ingredients:

- **1 lb** ground turkey
- **¼ cup** breadcrumbs
- **1 tsp** garlic powder
- **4 buns**

Instructions:

1. **Form patties:** Mix turkey, breadcrumbs, and garlic powder.
2. **Grill burgers:** Cook for 4-5 minutes per side.
3. **Serve:** Add your favorite toppings on buns.

Grilled Tofu with Teriyaki Glaze

Ingredients:

- **1 block** tofu, sliced
- **½ cup** teriyaki sauce
- **Sesame seeds** for garnish

Instructions:

1. **Marinate tofu:** Soak in teriyaki sauce for 20 minutes.
2. **Grill tofu:** Cook for 3-4 minutes per side.
3. **Serve:** Sprinkle with sesame seeds.

Smoked Mac and Cheese

Ingredients:

- **2 cups** elbow macaroni
- **4 cups** cheddar cheese, shredded
- **2 cups** milk
- **½ cup** butter
- **¼ cup** flour
- **1 tsp** smoked paprika
- **Salt and pepper to taste**

Instructions:

1. **Cook pasta:** Boil macaroni until al dente.
2. **Make cheese sauce:** Melt butter, stir in flour, add milk, and cheese until smooth.
3. **Combine and smoke:** Mix pasta with cheese sauce and smoke for 30 minutes.

Grilled Hot Dogs with Creative Toppings

Ingredients:

- 8 hot dogs
- 8 hot dog buns
- Toppings:
    - Sauerkraut
    - Sautéed onions
    - Relish
    - Mustard
    - Chili

Instructions:

1. **Grill hot dogs:** Cook for about 5-7 minutes, turning occasionally.
2. **Assemble:** Serve in buns with desired toppings.

BBQ Baby Back Ribs

Ingredients:

- **2 racks** baby back ribs
- **1 cup** BBQ sauce
- **Salt and pepper**

Instructions:

1. **Season ribs:** Rub with salt and pepper.
2. **Cook ribs:** Grill low and slow for 2-3 hours, brushing with BBQ sauce in the last 30 minutes.

Grilled Halloumi and Veggie Salad

Ingredients:

- **8 oz** halloumi cheese, sliced
- **2 cups** mixed salad greens
- **1 bell pepper**, sliced
- **1 zucchini**, sliced
- **Olive oil** for drizzling

Instructions:

1. **Grill halloumi and veggies:** Cook until golden brown.
2. **Assemble salad:** Toss greens with grilled halloumi and veggies, drizzled with olive oil.

BBQ Chicken Kabobs with Pineapple

Ingredients:

- **1 lb** chicken breast, cubed
- **1 cup** pineapple chunks
- **½ cup** BBQ sauce
- **Skewers**

Instructions:

1. **Marinate chicken:** Coat with BBQ sauce for 30 minutes.
2. **Assemble kabobs:** Alternate chicken and pineapple on skewers.
3. **Grill kabobs:** Cook for 10-12 minutes, turning frequently.

Grilled Pita Bread with Tzatziki

Ingredients:

- **4 pita breads**
- **1 cup** tzatziki sauce

Instructions:

1. **Grill pita:** Cook for 2-3 minutes on each side until warm and slightly crispy.
2. **Serve:** Pair with tzatziki for dipping.

BBQ Beef Sliders with Coleslaw

Ingredients:

- **1 lb** ground beef
- **12 slider buns**
- **1 cup** coleslaw
- **½ cup** BBQ sauce

Instructions:

1. **Form patties:** Shape ground beef into small sliders.
2. **Grill sliders:** Cook for 3-4 minutes per side, brushing with BBQ sauce.
3. **Assemble:** Serve sliders topped with coleslaw on buns.

Grilled Stuffed Peppers

Ingredients:

- **4 bell peppers**, halved and seeded
- **1 cup** cooked rice
- **1 cup** black beans
- **1 cup** corn
- **1 tsp** cumin
- **1 cup** cheese, shredded

Instructions:

1. **Mix filling:** Combine rice, beans, corn, cumin, and half the cheese.
2. **Stuff peppers:** Fill each half with the mixture and top with remaining cheese.
3. **Grill peppers:** Cook for 15-20 minutes until tender.

BBQ Glazed Meatloaf

Ingredients:

- **1 lb** ground beef
- **1 cup** breadcrumbs
- **1 egg**
- **1 cup** BBQ sauce
- **1 tsp** garlic powder
- **1 tsp** onion powder
- **Salt and pepper to taste**

Instructions:

1. **Preheat oven:** Set to 350°F (175°C).
2. **Mix ingredients:** Combine beef, breadcrumbs, egg, garlic powder, onion powder, salt, and pepper in a bowl.
3. **Form meatloaf:** Shape mixture into a loaf and place in a baking dish.
4. **Glaze:** Brush BBQ sauce over the top.
5. **Bake:** Cook for 1 hour, basting with additional sauce halfway through.

Grilled Salmon Burgers

Ingredients:

- **1 lb** salmon, skin removed
- **½ cup** breadcrumbs
- **1 egg**
- **1 tbsp** lemon juice
- **Salt and pepper to taste**
- **Buns and toppings of choice**

Instructions:

1. **Prepare salmon:** Finely chop the salmon and mix with breadcrumbs, egg, lemon juice, salt, and pepper.
2. **Form patties:** Shape into burger patties.
3. **Grill burgers:** Cook for 4-5 minutes per side until cooked through.
4. **Assemble:** Serve on buns with desired toppings.

Smoked Chicken Wings

Ingredients:

- **2 lbs** chicken wings
- **1 tbsp** olive oil
- **1 tbsp** smoked paprika
- **Salt and pepper to taste**
- **BBQ sauce for serving**

Instructions:

1. **Preheat smoker:** Set to 225°F (107°C).
2. **Season wings:** Toss wings in olive oil, smoked paprika, salt, and pepper.
3. **Smoke wings:** Cook for 1.5 to 2 hours until crispy.
4. **Serve:** Toss with BBQ sauce before serving.

BBQ Veggie Pizza

Ingredients:

- **1 pizza crust**
- **1 cup** BBQ sauce
- **1 cup** mozzarella cheese, shredded
- **1 bell pepper**, sliced
- **1 red onion**, sliced
- **1 cup** mushrooms, sliced
- **1 cup** corn

Instructions:

1. **Preheat grill:** Heat to medium-high.
2. **Assemble pizza:** Spread BBQ sauce on crust, top with cheese and vegetables.
3. **Grill pizza:** Place on grill for 10-15 minutes until crust is cooked and cheese is melted.

Grilled Oyster Mushrooms with BBQ Sauce

Ingredients:

- **1 lb** oyster mushrooms
- **1 tbsp** olive oil
- **1 cup** BBQ sauce

Instructions:

1. **Preheat grill:** Heat to medium.
2. **Prepare mushrooms:** Toss mushrooms with olive oil and season with salt.
3. **Grill mushrooms:** Cook for 5-7 minutes on each side until tender.
4. **Glaze:** Brush with BBQ sauce during the last few minutes of cooking.

BBQ Pork Belly Bites

Ingredients:

- **1 lb** pork belly, cut into cubes
- **½ cup** BBQ sauce
- **Salt and pepper to taste**

Instructions:

1. **Season pork:** Rub pork belly with salt and pepper.
2. **Preheat grill:** Set to medium heat.
3. **Skewer pork:** Thread pork belly onto skewers.
4. **Grill bites:** Cook for 10-15 minutes, basting with BBQ sauce until crispy.

Grilled Fruit Skewers with Honey Drizzle

Ingredients:

- **2 cups** mixed fruit (pineapple, peaches, strawberries)
- **2 tbsp** honey
- **Wooden skewers**

Instructions:

1. **Prepare skewers:** Thread fruit onto skewers.
2. **Preheat grill:** Heat to medium-high.
3. **Grill fruit:** Cook skewers for 5-7 minutes until caramelized.
4. **Drizzle:** Serve drizzled with honey.